### 글·그림 윤문영

홍익대학교 서양화과를 졸업하고 제5회 '홍익대학미술대전'에서 최우수상을 받았습니다.
KBS 무대부 그래픽 담당, 동양방송 애니메이션부 팀장, 경향신문 주간부 화보 담당기자를 거쳐
제일기획 제작국장 시절 〈오란·씨〉, 〈맥스웰 커피〉, 〈고래밥〉 등 300여 편의 CF를 연출했으며,
독립영화 〈산이 높아 못 떠나요〉로 제1회 'MBC 영상문화제'에서 대상을 받았습니다.

〈동아일보〉, 〈세계일보〉 연재소설의 삽화와 〈시와 시학〉, 〈님〉, 〈삶과 꿈〉, 〈시조시학〉, 〈SEE〉 등의 여러 잡지의 표지 그림,
시화집 《선물》, '시인생각 한국대표 명시선 100' 시리즈 등 우리나라 근현대 시인 100명의 모습을 두 차례나 그렸습니다.

《우리 독도에서 온 편지》, 《평화의 소녀상》, 《풀꽃》, 《할아버지 방패》 등의 책을 직접 쓰고 그렸고,
《아큐정전》, 《압록강은 흐른다》, 《슬퍼하는 나무》, 《그해 여름의 복수》 등 100여 편의 책에 그림을 그렸습니다.

지금은 〈월간 일러스트〉에 'Y문영의 그림 속 책 읽기'와 '똥Q정전'을 병행 연재하고 있습니다.

# 군함도

2016년 9월 19일 처음 펴냄
2023년 6월 20일 6쇄 펴냄

**글·그림** 윤문영
**펴낸이** 신명철
**편집** 윤정현
**영업** 박철환
**관리** 이춘보
**디자인** 최희윤
**펴낸곳** (주)우리교육
**등록** 제 313-2001-52호
**주소** 03993 서울특별시 마포구 월드컵북로 6길 46
**전화** 02-3142-6770
**팩스** 02-6488-9615
**홈페이지** www.urikyoyuk.modoo.at

ⓒ윤문영, 2016
ISBN 978-89-8040-148-2 73810

*이 책의 내용을 쓰고자 할 때는 저작권자와 출판사의 허락을 받아야 합니다.
*잘못된 책은 바꾸어 드립니다.
*책값은 뒤표지에 있습니다.

이 도서의 국립중앙도서관 출판시도서목록(CIP)는
e-CIP홈페이지(http://www.nl.go.kr/ecip)에서 이용하실 수 있습니다.
(CIP 제어번호:CIP201620850)

부끄러운 세계문화유산
# 군함도

윤문영 글·그림

우리교육

가윤이는 방학을 맞아 가족들과 일본 관광을 가게 되었어요.
유네스코 세계문화유산에 올랐다는 나가사키 앞바다의 '군함도'입니다.
섬 모양이 바다에 떠 있는 군함 같다고 하여 붙은 이름이지요.
일본은 이 섬을 일본 산업 혁명의 상징이라며 자랑합니다.
그런데 과연 그럴까요?
이 섬에는 너무나도 가슴 아픈 역사가 숨겨져 있다는 것을
우리는 까맣게 잊고 있었습니다.

가족들과 떨어져 자유롭게 섬을 구경하던 가윤이에게 이상한 일이 벌어집니다.
어디서 나타났는지 하얀 나비 한 마리가 신비한 날갯짓으로 가윤이를 안내하는 것이었어요.
나비를 따라가던 가윤이는 어느새 깊은 동굴 속으로 날아가듯 빨려 들어갔습니다.

한참을 깊고 깊은 곳으로 날아 들어와 정신을 차려 보니
어둠 속에서 신음 소리가 들리지 뭐예요.
가까이 다가간 가윤이는 소스라치게 놀랐어요.
바위 더미에 깔려 가쁜 숨을 몰아쉬는 남루한 차림의 소년이 천천히 나타난 거예요.
바로 과거로 가는 시간 여행인 거죠.
소년은 가윤이를 보더니 있는 힘을 다해 자신의 이야기를 또박또박 들려주기 시작했어요.

전쟁을 일으키고 미치광이가 되어 가던 일본은
우리 땅의 어린 소년들까지 강제로 자기 나라로 끌고 갔어요.
"늘 지니고 있거라, 이 어미 마음이니까……."
어머니가 열두 살 쇠돌이 목에 둘러 준 무명 수건이
마지막 선물이 될 줄 그 누가 알았겠어요?

목적지도 모른 채 쇠돌이가 끌려간 곳은 바로 지옥 섬 '군함도'였습니다.
어린 소년들은 땅속 천 미터까지 내려가 일본이 전쟁 자원으로 쓸 석탄을 캐내야 했어요.
사십오 도를 넘나드는 찜통더위 속에 몰아넣고는 달랑 주먹밥 한 덩이를 던져 주며
매일 열두 시간씩이나 일을 시켰어요.

어린 소년들은 그야말로 죽음의 공포 속에서 하루하루를 견뎌야 했어요.
콩나물시루 같은 소년들의 숙소에는 팔뚝만 한 쥐들이 기어 다니고,
밤이 깊도록 여기저기서 훌쩍이는 소리가 끊이질 않았습니다.

엄니 보고싶어...

중노동 끝에 걸레처럼 늘어진 몸을 끌고 땅굴 밖으로 기어 나온 쇠돌이는
버릇처럼 어머니를 불러 보곤 합니다.
칠흑 같은 바다를 보아도 어머니가 있고, 밤하늘의 별을 보아도 거기 어머니가 있어요.
지금쯤 어머니도 저 별을 보고 계실까?
"어머니~!"
어둠을 향해 소리쳐 불러 보지만 파도는 으르렁거리며 목소리를 삼켜 버려요.

쇠돌이와 소년들은 개밥보다 못한 주먹밥 먹은 것을 토해 내느라 기진맥진했어요.
그저 어머니가 말아 주는 김치말이 국수를 휘휘 저어 먹으면 원이 없을 것 같아요.
"이것들이 여기가 어디라고 꾀병을 부려!"
일본 감시병의 채찍에 피가 묻어나고 살점이 떨어져 나갑니다.
하지만 맞는 게 두려워 아픈 몸을 끌고 다시 일터로 내려갔어요.

죽었습니다. 또 한 명의 우리 동포가 죽어 나갔습니다.
참담한 하루하루를 견디다 못해 장작더미를 몸에 묶고 불을 지른 사건도 있었습니다.
폐결핵에 피부병, 온갖 질병을 다 참아 내다가 그만 바다에 몸을 던진 소년도 여럿입니다.
"세상에 이런 개죽음이 어디 있느냐! 노예보다 못한 개고생을 하다가 끝내 이렇게 가다니……."
석탄가루를 뒤집어쓴 야윈 얼굴들 사이로 눈물 가득 고인 눈알들이 번뜩입니다.

"도망치자. 여기서 석탄 캐다가 깔려 죽고, 맞아 죽느니
차라리 도망가다 바닷물에 빠져 죽고 말겠어!"
쇠돌이 일행은 경비등을 피해 고양이처럼 방파제를 타고 조심조심 내려갑니다.
군함도의 불빛 환한 일본인 숙소에서
고기 굽는 냄새와 함께 아이들의 웃음소리가 들려옵니다.
오늘따라 밤바람이 거셉니다.
그들 앞엔 헤엄쳐 건너야 할 죽음의 물살만이 기다리고 있습니다.

군함도에 한 번 들어오면 살아서 나간 동포가 없다더니,
같이 탈출한 소년의 시신이 포댓자루에 둘둘 말린 채 내팽개쳐져 있습니다.
쇠돌이는 두 손이 묶인 채 지하실 바닥에 나뒹굴었어요.
"도망치면 어떤 꼴을 당하는지 똑똑히 보여 주겠다!"
밤새도록 이어진 갖은 고문에 몸과 맘이 너덜너덜해집니다.
그러고도 다음 날 아침이 되면, 막장으로 내려가 석탄을 캐야 했습니다.

한순간의 일이었습니다.
귀를 찢는 폭발음과 함께 우지직 버팀목들이 부러지더니
몸이 성치 않은 쇠돌이의 몸뚱이가 튕겨 나갔습니다.
매캐한 가스 냄새와 바윗덩이들이 날아들면서
갱도 안은 어둠의 늪으로 빠져들어 갔어요.

무언가 아주 환한 빛이 번쩍하는가 싶더니
하늘을 뒤덮으며 거대한 버섯 모양의 구름이 솟아올랐어요.
눈 깜짝할 사이에 모든 것이 숯덩이로 변해 버렸습니다.
1945년 8월 9일 오전 11시 2분.
나가사키에 원자 폭탄이 떨어졌어요.
한 번 들어오면 살아서는 나갈 수 없는 지옥 섬 군함도.
일본은 우리 소년들에게 이 섬을 벗어날 기회를 딱 한 번 주었습니다.
죽음의 거리가 된 나가사키로 끌고 가 청소를 시킨 것입니다.
결국 우리 동포 소년들은 온몸에 방사선 피해를 당하고 서서히 죽어 갔습니다.

겨우겨우 말을 잇던 쇠돌이의 머리가 바닥을 향해 꺾입니다.
"너를 만나게 돼서 다행이야. 너를 만난 시간은 짧았지만 기다리고 기다렸어.
내게 남은 건 이것밖에 없어⋯⋯. 고마워, 고마웠어⋯⋯."
쇠돌이는 목에 감고 있던 무명 수건을 힘겹게 풀어
가윤이에게 건네고는 차갑게 식어 갔습니다.
억장 무너지는 한스러운 세월을 말해 주고는 조용히 숨을 거두었습니다.
그리고 쇠돌이를 짓누르던 바윗덩이들이 날아오르면서
쇠돌이의 형체가 스르르 사라졌어요.
가윤이의 시간 여행은 이렇게 막을 내렸어요.

흰 나비를 따라 길고 긴 터널을 올라와 밖으로 나온 곳은
군함도 한구석에 버려진 작은 공양탑이에요.
우리 동포 징용공들의 넋을 위로하는 탑이 초라하게 버티고 있었습니다.
가윤이는 쇠돌이의 무명 수건을 공양탑에 두르고는 애써 울음을 삼켰어요.

울지 않으려고 멀어져 가는 군함도를 피해 눈길을 돌리지만,
어느새 가윤이의 눈시울이 촉촉이 젖어듭니다.
우리는 기억해야 합니다. '군함도'는 일본의 부끄러운 과거를 비추는 역사의 거울이라는 걸.
그때였어요. 눈물을 감추려고 하늘을 올려다본 가윤이의 머리 위로
공양탑에 둘려 있던 무명 수건이 하늘 높이 떠갔습니다.
군함도를 뒤로 하고 쇠돌이의 고향을 향해 훨훨 날아가고 있었어요.

# 질문으로 알아보는 군함도 이야기

**1. '군함도'라는 섬에 대해 들어 본 적 있나요?**

섬의 모습이 마치 군함과 비슷하게 생겼다고 하여 '군함도'라는 이름이 붙은 섬. 하시마라고도 부르지요. 군함도는 일본 나가사키 현 나가사키 시에 있는 무인도로, 나가사키 반도로부터 약 4.5킬로미터 떨어져 있어요. 크기는 남북으로 약 480미터, 동서로 약 160미터, 면적은 약 6.3헥타르로 우리나라 잠실종합운동장보다도 작아요.

군함도는 일본 최초로 현대식 콘크리트 건물이 들어선 곳으로, 이미 70여 년 전에 탄광 시설과 주택 외에 초중등학교, 점포, 병원, 사원, 영화관, 이발소, 미용실, 사교장 등 현대적인 도시 기능을 갖춘 곳이라는 점을 높이 평가받아 2015년 6월에 유네스코 세계문화유산으로 지정되었어요.

그런데 여기엔 끔찍하고 안타까운 역사의 비밀이 숨어 있답니다.

## 2. 군함도에 어떤 비밀이 있는데요?

세계문화유산으로 등재된 군함도에는 '지옥 섬'이라는 별명이 붙어 있답니다. 왜 이렇게 끔찍한 별명이 붙었을까요?

지금으로부터 70여 년 전 제2차 세계 대전이 한창일 때였어요. 일본은 자기들이 전쟁에 쓸 석탄을 캐낼 인력이 부족하자, 한국에서 시행한 '국가총동원법'을 이용해 돈을 많이 벌 기회라고 한국 젊은이들을 속여 데리고 갔지요. 강제로 말이에요. 그중엔 열다섯 살 소년도 많았답니다. 탄광 길이 비좁아서 몸집이 큰 어른은 일은 커녕 걸어다니기도 힘들었거든요. 어디로 가는지도 모르고 끌려간 그들은 지하 천 미터 아래 탄광으로 내려가, 자기 한 몸 제대로 뉘이기도 힘들 정도로 좁고, 45도가 넘는 뜨겁고 캄캄한 곳에서, 하루 열두 시간씩 일해야 했어요.

지금은 폐허가 된 군함도의 건물들

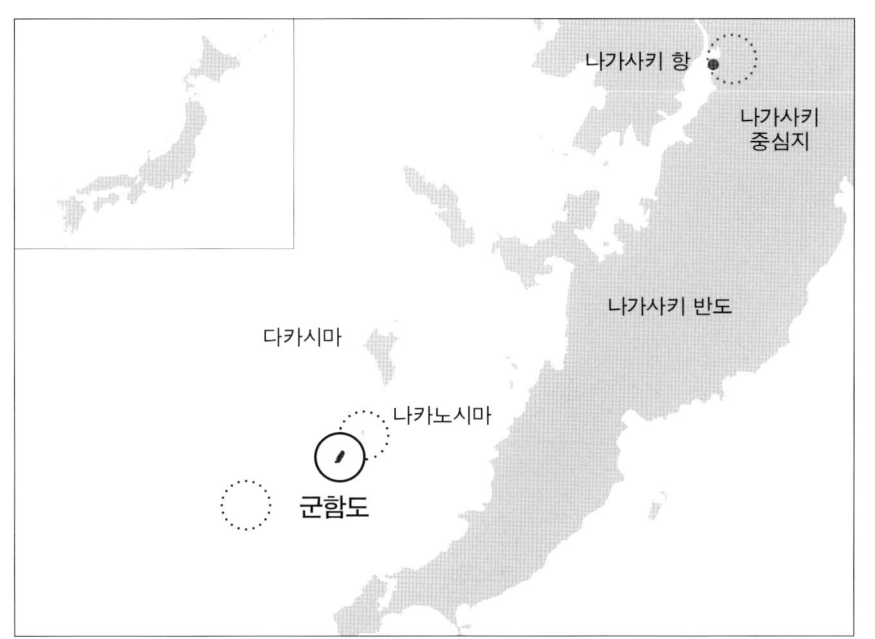

이들에게 주어진 건 속옷 한 벌, 모자와 고무줄, 주먹밥이 전부였어요. 주먹밥에는 콩기름을 짜고 난 찌꺼기인 콩깻묵을 섞었는데, 영양가는 커녕 비료로 쓸 정도로 형편없었어요. 제대로 먹지도 못하고, 힘들어서 조금이라도 쉬려고 하면 꾀를 부린다고 모질게 매를 맞아야 했지요. 도저히 참을 수 없어 탈출을 시도하던 사람들은 험한 파도에 쓸려가거나 발각되면 총살되었어요. 그러니 '지옥 섬'이지요.

## 3. 군함도로 끌려간 청년들은 어떻게 되었나요?

일본은 태평양 전쟁 이후인 1940년부터 1945년까지 군함도 탄광에 10대 초반의 조선인 청년을 비롯해 일본인, 중국인 등 800여 명을 가두고 강제 노역을 시켰습니다. 이 중 공식적으로 확인된 희생자 수만 122명이에요. 역사를 연구하는 전문가들은 이름도 제대로 밝혀지지 않은 채 희생당한 사람은 더 많을 것으로 추측하고 있어요.

이렇게 희생된 사람들을 기리는 공동묘지는 군함도 가까이 있는 다카시마에 잘 가꾸어져 있습니다. 군함도는 1970년대 이후 아무도 살지 않는 무인도가 되어서 더는 묘지를 관리할 수 없었거든요. 이 책에서는 가윤이가 군함도에 있는 공양탑에 쇠돌이의 무명 수건을 묶어 주지만, 사실 조선인 강제 노역 희생자의 넋을 기리는 공양탑은 다카시마에 있어요. 하지만 다카시마로 옮겼어도 조선인 강제 징용자들의 넋을 기리는 공양탑은 사람의 발길이 드문 곳에 덩그러니 버려두다시피 했어요. 게다가 일본은 탄광에서 돌아가신 분들의 위패를 모두 불태워 이제는 강제 노역 희생자들의 신원조차 알 수 없게 되었답니다.

이런 일본의 태도를 알고도 가만히 있을 수는 없겠지요?

다카시마로 옮겨진 조선인 강제 노역 희생자들의 넋을 기리는 공양탑
일제강점하강제동원피해진상규명위원, 《지독한 이별-사할린 이중징용 진상조사 구술기록》, 2007, 수록 화보.

## 4. 어떤 문화재가 세계문화유산에 오르나요?

유네스코는 인류의 문화유산 중에서 역사적, 예술적, 학문적으로 뛰어난 가치를 가지고 있는 문화재를 보호하기 위해 '세계문화유산'으로 지정해요. 우리나라도 경주 불국사, 석굴암, 합천 해인사의 팔만대장경, 서울 종로의 종묘 등 세계문화유산으로 지정된 문화재가 열두 개나 있답니다.

일본이 군함도를 2015년 유네스코 세계문화유산에 올려 달라고 신청할 때는 한국의 반대가 거셌어요. 다른 나라 사람을 강제로 끌고 가서 만든 문화재를 인류가 보호해야 할 것으로 생각하지 않았으니까요. 하지만 일본 최초의 근대식 건물이라는 점 때문에 세계문화유산에 올리는 것을 막을 방법도 없었답니다. 그래서 우리나라는 폴란드의 아우슈비츠 강제수용소처럼 아프지만 절대로 잊지 말아야 할 세계문화유산도 있다는 것을 본보기 삼아, 일본의 군함도도 부정적 세계문화유산으로 올려야 한다는 사실을 깨달았어요. 일본은 강제 노역을 시켜 이러한 문화를 누렸다는 것을 밝히기로 하고 간신히 올렸지요. 하지만 그들은 바로 태도를 바꾸어 강제 노역 사실을 말하지 않으려고 해요. 그러면서 군함도가 세계문화유산에 오른 이유는 전쟁이 일어나기 전, 일본식 산업 혁명을 이룬 메이지 시대(1850~1916년) 때 지어진 건물들 때문이라는 핑계를 댑니다.

군함도에 지어진 최초의 근대식 건물은 메이지 시대 말기에 지어진 건물이에요. 하지만 당시에 지어진 고층 아파트는 흔적이 남아 있지 않거나 바닷속으로 가라앉아 있고, 섬에 남은 대부분의 근대식 건물은 전쟁이 한창일 때 다른 나라에서 데리고 간

1930년대 군함도 사진. 사진만 봐도 이 당시에는 일본이 자랑하는 현대적인 도시의 모습은 아직 갖추어지지 않았다는 것을 알 수 있어요.

수많은 강제 노역자의 피와 땀으로 만들어진 거예요.

이런데도 군함도를 세계문화유산으로 올린 후 보여 준 일본의 태도는 인류가 보존해야 할 가치를 제대로 알고 있는 것으로 보이지 않아요.

어린이 여러분은 군함도가 세계문화유산이 될 가치가 있다고 생각하나요? 여러분은 인류가 오랫동안 보존하고 지켜야 할 가치는 무엇이라고 생각하나요?